INDEX

Page #

INDEX

'age #

Made in United States
Orlando, FL
14 December 2024

55475472R00075